Sauver notre modèle de protection sociale

La collection *Paroles d'Acteurs*
est dirigée par Mathieu Souquière

www.editionsdelaube.com

ISBN 978-2-8159-6950-5

Éric Chenut

Sauver notre modèle de protection sociale

éditions de l'aube

Du même auteur,
chez le même éditeur

L'émancipation, horizon de nos engagements mutuels, 2020

Je dédie ce livre à un ami,
Frédéric Gouëdard, parti bien trop tôt

« La valeur de la vie ne réside pas dans
la longueur des jours mais dans l'usage
que nous en faisons ; un homme peut vivre
longtemps et en fait très peu. »

Michel de Montaigne

Introduction
Adresse à tous les assurés sociaux que nous sommes

En 2025, la Sécurité sociale célébrera ses quatre-vingts ans. Ce pilier de notre modèle social, protecteur, solidaire et universel, participe du socle de la République démocratique, laïque et sociale qu'est la France. Ses fondateurs firent le choix de l'émulation et de la complémentarité entre l'assurance maladie et les complémentaires santé ou prévoyance pour étendre l'effectivité et la complétude de la protection sociale. À la clé, un accès effectif aux soins avec un reste à charge le plus bas d'Europe. Cette construction duale inédite, favorisant les progrès médicaux, scientifiques et techniques, les innovations des offreurs de soins, l'engagement des professionnels de santé et l'implication des acteurs de prévention, a permis des avancées majeures. Les hommes et les femmes ont vu leur espérance de vie progresser de plus de 40 %. La mortalité infantile a été divisée par quinze. Ces progrès sont le fruit d'une vision initiée au lendemain de la Seconde Guerre mondiale, dans un plan ambitieux visant à garantir à chacun des moyens d'existence en toutes circonstances.

Mais aujourd'hui, cet héritage précieux est remis en cause. Les équilibres de notre protection sociale sont menacés. En effet, comment garantir l'effectivité de l'accès aux soins partout et pour tous ?

Comment assurer la soutenabilité du financement pour répondre aux défis de notre temps, tout en pérennisant l'expression des solidarités ?

Comment répondre aux crispations d'une société polarisée où les inégalités territoriales, économiques et sociales se renforcent ?

Ces fractures sont d'autant plus préoccupantes qu'elles ne résultent pas de crises particulières, économiques, sanitaires ou politiques, mais qu'elles sont la conséquence d'une transformation profonde de la société, amplifiée par la triple transition écologique, démographique et numérique qui nous percute.

Dans ce contexte en plein bouleversement, l'incapacité de la puissance publique à tenir une ligne cohérente pour anticiper nous prive d'un diagnostic partagé indispensable à tout arbitrage éclairé. Cette situation est de fait le fruit des choix des gouvernements successifs, aveuglés par une logique court-termiste et une action petits pieds, vectrice d'impuissance publique.

La protection sociale est un outil de cohésion nationale, favorisant le vivre-ensemble, incarnant l'expression de la fraternité, creuset de la promesse républicaine. Elle ne saurait être réduite à un rôle de guichet payeur pour des consommateurs insatiables, et par ailleurs de plus en plus insatisfaits.

Aussi, comment questionner le sens, l'essence et le périmètre de la protection sociale ?

Comment permettre la participation de chacun, chacune, à la détermination de ce qui les concerne intimement, leur santé, la protection de leurs proches ?

Comment rendre la gouvernance de notre système de protection sociale plus démocratique ?

Le mouvement social, au premier rang desquels les partenaires sociaux, et plus largement l'économie sociale et solidaire, peuvent y concourir dans leur action pour contribuer aux communs de notre société. Ensemble, dans la recherche d'indispensables compromis, nous pourrons faire émerger de nouvelles solutions, élaborer des propositions utiles à tous et à chacun.

Assurer la soutenabilité financière de notre modèle de protection sociale

Les outils budgétaires actuels et leur caractère annuel ne permettent plus d'envisager les nécessaires adaptations du système de santé pour répondre aux besoins en évolution du fait du vieillissement de la population, de l'augmentation du nombre de personnes porteuses de pathologies chroniques, des coûts exponentiels induits par les progrès médicaux ou pharmaceutiques, ni de poser le cadre du débat pour réinterroger les modalités de financement de la protection sociale de manière soutenable, solidaire et durable. Or, compte tenu du doublement des dépenses de santé constaté en moins de vingt ans ainsi que des perspectives d'un accroissement du déficit des comptes sociaux de 70 milliards d'euros d'ici 2027, la priorité devrait être de réfléchir collectivement aux ressources que nous sommes prêts à allouer au système de santé, à déterminer les besoins à couvrir, à s'assurer de la pertinence des prescriptions et une juste répartition de cet effort entre les entreprises et les ménages. Nous devons substituer à cette approche strictement comptable, et de fait coupable, une vision politique pluriannuelle partagée avec les parties prenantes. Il n'y a pas d'évidence ni de fatalité, simplement des choix : soit accepter de payer davantage pour se protéger collectivement, soit renvoyer les individus à leurs capacités personnelles à assumer leurs dépenses de santé et de prévoyance. Il est intéressant de constater qu'instinctivement nous sommes conscients que les protections solidaires sont plus protectrices et moins coûteuses pour le plus grand nombre. Ainsi, le baromètre annuel de la DREES montrait en 2021 que plus de trois personnes interrogées sur quatre se disent opposées à une baisse des prélèvements obligatoires si celle-ci est associée à une baisse des droits sociaux. Selon le baromètre des prélèvements fiscaux et sociaux en France de la Cour des comptes[1], seuls 30 % des Français accepteraient une baisse de la dépense publique en santé, c'est-à-dire de leur couverture santé par la sécu contre une baisse de leurs impôts.

Seul un large débat démocratique permettra d'arbitrer entre les alternatives pour faire évoluer le périmètre de la protection sociale et la manière de la financer. Pour cela, la société civile organisée et les corps intermédiaires sont indispensables. En matière de protection sociale, le mouvement mutualiste a un rôle singulier dans notre pays : il porte une vision, des réflexions et des propositions concourant aux communs de notre société, reposant sur une éthique de la solidarité, une exigence de la responsabilité, autrement dit une forme de « citoyenneté sociale ». Faisons confiance à ces mutuelles à but non lucratif, avec une

1. https://www.ccomptes.fr/sites/default/files/2024-01/20240130-Note-CPO-barometre-prelevements-fiscaux-sociaux-seconde-edition.pdf

gouvernance démocratique, au service d'une ambition émancipatrice, porteuse d'espoir et vectrice d'engagements : chaque personne peut entreprendre pour soi et pour les autres, mener son projet de vie personnel, familial ou professionnel sans craindre un aléa, un accident de la vie ou un pépin de santé.

Assurer la coconstruction de notre modèle

Ces organisations sont de formidables véhicules pour que chacun puisse s'approprier ces enjeux. Ne plus seulement être bénéficiaire mais aussi être acteur.

Ce fut mon cas, et d'une certaine manière ma chance. Issu d'une famille modeste, j'ai pu, grâce à la puissance de la solidarité de notre protection sociale, être bien soigné à ma naissance, en 1973, ce qui m'a permis – malgré un glaucome congénital bilatéral – de recouvrer la vue, enfant. Même si, la pathologie avançant, je suis finalement devenu aveugle à vingt-trois ans, je mesure la chance que j'ai eue d'être né en France, à l'aune de la qualité des prises en charge, des accompagnements dont j'ai pu bénéficier et ce, indépendamment des ressources de ma famille. Citoyen engagé, patient sensibilisé, personne en situation de handicap concernée, conscient des forces et des lacunes du système de santé, des limites de la protection sociale, je veux contribuer à conforter les solidarités et à préserver la cohésion.

En responsabilité, j'ai pris l'initiative de cette adresse citoyenne car j'ai la conviction que, sans sursaut démocratique, les arbitrages comptables et court-termistes qui président au financement de notre protection sociale et à l'organisation du système de santé vont accélérer son démantèlement, et donc accentuer les inégalités. La résignation n'étant pas permise, je veux essayer d'éclairer ces questions de manière politique, pour permettre à chacun de se forger une opinion quant à la manière de vivre les uns avec les autres, les uns pour les autres. Il n'y a pas de vérité en la matière, mais des choix de société à effectuer après en avoir débattu démocratiquement, entre ce qui est souhaité, ce qui est souhaitable et ce qui est possible.

Il ne s'agit pas de questions techniques, budgétaires ou fiscales complexes, mais de nos vies, de notre quotidien, de la cohésion de notre société, de l'avenir de nos enfants, de ce qu'on leur laisse en héritage : des dettes ou l'espoir du bien-être physique, psychique, social et environnemental pour toutes et tous, des équations budgétaires insolubles ou une espérance de vie en bonne santé accessible au plus grand nombre. Des choix éminemment politiques, en somme.

1
Comment répondre à des besoins exponentiels, avec des moyens contraints et des attentes insatisfaites ?

Qu'est-ce que la protection sociale nous a collectivement apporté ?

La sécu fait tellement partie de notre paysage institutionnel et de notre quotidien que nous ne mesurons peut-être plus en quoi elle est une innovation sociale essentielle, en quoi elle reste un bien commun que nous envient de nombreux autres pays.

Après les atrocités de la Seconde Guerre mondiale, une prise de conscience émerge sur ce que les inégalités et la misère induisent comme comportements déviants. Au sein du « CNR », le vrai, Conseil National de la Résistance, les différentes tendances politiques, des gaullistes aux communistes, des syndicalistes au patronat, un compromis fut élaboré pour reconstruire le pays et se prémunir solidairement contre des errements induits par le fait de subir ou d'être contraint.

Grâce à l'amélioration des conditions de vie jusque dans les années 1970, puis aux progrès médicaux rendus accessibles par la protection sociale solidaire, l'espérance de vie a augmenté significativement depuis l'après-guerre, passant de 500 000 heures en 1950 à 700 000 heures en moyenne, ce sera même 800 000 heures pour une petite fille naissant en 2025.

L'accès aux soins s'est considérablement démocratisé. Les protections ont été étendues à différents publics qui en étaient jusqu'alors exclus : les étrangers en situation irrégulière avec l'AME (Aide Médicale d'État), la CSS, Couverture Santé Solidaire remplaçant la CMU (Couverture Maladie Universelle) pour les plus pauvres, ou la complétude des minima sociaux. Chaque jour dans notre pays un million de consultations médicales sont effectuées, ce qui est considérable, sans avoir à sortir sa carte bleue, mais sa carte verte, la carte Vitale permettant d'accéder aux soins sans avance de frais, le tiers payant étant largement pratiqué.

Quelle part de richesse alloue-t-on à notre santé ?

Nous avons alloué de plus en plus de ressources à notre système de santé, autant pour les soins de ville que pour l'hôpital (médecine, chirurgie, obstétrique, soins de suite, psychiatrie, hospitalisation temps plein, ambulatoire ou à domicile) et les structures médico-sociales (EHPAD, établissements d'hébergement pour personnes âgées dépendantes), ou pour des services ou établissements pour personnes en situation de handicap.

Évolution de la dépense de santé (2002-2023)

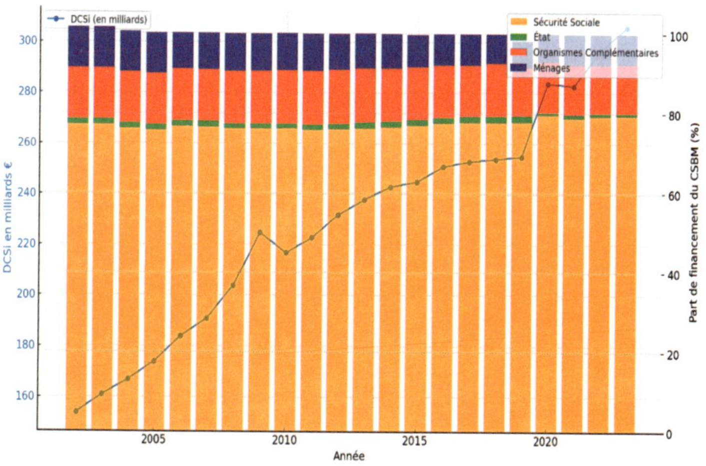

Source : DREES, INSEE

Évolution du PIB et de la dépense de santé en pourcentage du PIB (2002-2023)

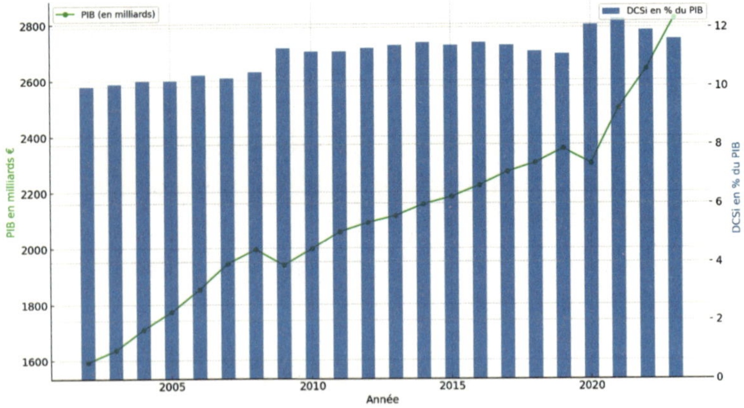

Source : DREES, INSEE

Comme on le voit, la part de la richesse nationale affectée à la santé n'a cessé de progresser, passant de 9 à 12 % du PIB (produit intérieur brut) en vingt ans, sans que cela ait été perceptible par nos concitoyens, car cette évolution n'a jamais été clairement débattue et ne résulte pas d'un choix. De nouvelles dépenses ont été solvabilisées à la suite d'une action proactive de lobbys, plus que par nécessité de répondre aux seuls soins essentiels.

La dépense en santé répond-elle aux besoins ?

Peu de personnes ont conscience du coût de la santé aujourd'hui. Alors qu'en 2024, on aura dépensé 315 milliards d'euros, force est de constater que les professionnels de santé sont désabusés et ont le sentiment de ne pas bénéficier de bonnes conditions d'exercice, pour prendre en charge l'ensemble de la population, compte tenu de l'augmentation forte du nombre de patients porteurs de pathologies chroniques et du vieillissement. Par ailleurs, les assurés sociaux, les patients, les personnes malades, en situation de handicap ou de dépendance accèdent aux soins plus difficilement.

Ce faisant, les inégalités en santé ne se réduisent pas et l'écart d'espérance de vie entre les 5 % les plus riches et les 5 % les plus pauvres est de treize ans pour les hommes, huit ans pour les femmes. Notre espérance de vie en bonne santé est très moyenne, or c'est elle qui compte pour la qualité de vie telle qu'elle est ressentie. La période où les gens sont confrontés à une déficience, une pathologie est délétère humainement et coûteuse économiquement.

À aborder les enjeux de la sécu en général, de l'assurance maladie en particulier sous le seul angle comptable, on induit, volontairement ou non, que le déficit serait inéluctable.

Or celui-ci résulte principalement de choix trop rarement assumés. Au nom de la compétitivité économique, des exonérations de cotisations patronales ont été octroyées par les gouvernements successifs pour baisser le coût du travail, notamment des bas salaires : soit près de 80 milliards d'euros, compensés par le budget de l'État pour l'essentiel.

Évolution des exonérations de cotisations sociales de l'ensemble des employeurs du secteur privé (2004-2023)

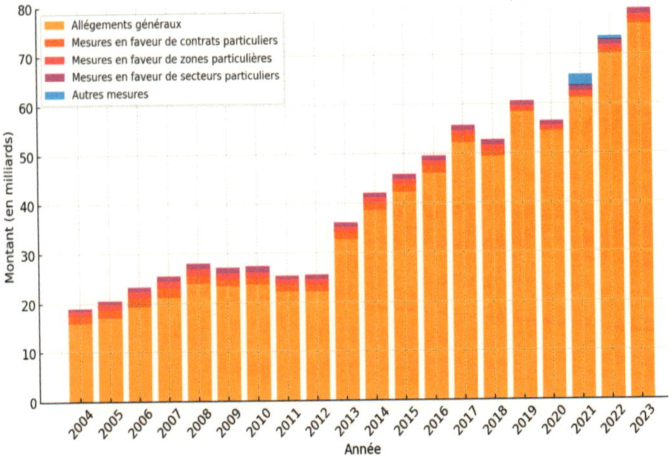

Source : URSSAF

À quoi notre modèle social doit-il répondre et s'adapter ?

Un non-dit existe : la protection sociale doit répondre aux besoins objectivés, elle ne saurait solvabiliser toutes les attentes. Notre société a à faire face à une triple transition écologique, démographique et numérique, qui a des conséquences épidémiologiques, économiques, sociales et démocratiques majeures.

Tout le monde est aujourd'hui conscient des conséquences du dérèglement climatique et de la nécessité d'adapter nos modes de production ou de consommation, mais très peu perçoivent les conséquences sur le financement de notre protection sociale ou sur les dépenses induites. Or le financement de la protection sociale, par les cotisations sociales, fiscales acquittées, dépend de la croissance économique actuelle ; donc il nous faut appréhender les conséquences des évolutions de la production sur notre territoire, comme des biens importés. Par ailleurs le lien entre environnement et santé est désormais avéré ; l'impact des polluants, des pesticides, des perturbateurs endocriniens sur notre santé, leurs effets cocktails (démultipliés en cas d'effets cumulés) accentuent les risques de cancers, d'obésité, de maladies cardiovasculaires notamment. Les coûts pour l'assurance maladie sont donc majeurs. Il faut également appréhender l'impact du réchauffement climatique sur l'activité économique elle-même : par exemple qu'en sera-t-il d'un certain nombre d'activités si la chaleur est telle dans certains territoires métropolitains ou ultramarins que l'activité en extérieur devient impossible ou dangereuse plusieurs mois par an ? Quel impact en matière d'indemnités journalières de chômage partiel ?

Autre grande transformation de notre société insuffisamment débattue : la transition démographique. En effet, on focalise le débat essentiellement sur la question des pensions de retraite, quasiment jamais sur l'enjeu des dépenses de santé et trop rarement sur la dépendance. Or l'enjeu du vieillissement impacte tous ces paramètres. Prenons conscience que les dépenses de santé moyennes d'une personne de quatre-vingts à quatre-vingt-cinq ans sont plus de quatre fois supérieures à celles d'une personne entre trente et cinquante ans. Le nombre de personnes de plus de quatre-vingts ans devant tripler d'ici 2050, il est essentiel de l'anticiper. En outre, la question de la dépendance est insuffisamment prise en compte dans notre protection sociale : cela va des besoins d'accompagnement pour les aidants, à la prévention de la perte d'autonomie ou aux conditions du maintien à domicile et l'enjeu de l'attractivité des métiers du soin.

Ce à quoi nous assistons est sans précédent à l'échelle de l'humanité : quatre générations, bientôt cinq, vont coexister ; c'est une chance extraordinaire au plan humain, pour les liens familiaux, pour autant qu'on l'anticipe. Ce vieillissement de la population aboutit au fait que les plus de soixante-cinq ans sont désormais plus nombreux que les moins de vingt ans. Les besoins des jeunes devront donc être davantage appréhendés pour éviter de voir poindre des tensions intergénérationnelles. Les politiques publiques, logement, transport, aménagement urbain, culture, sport, etc., doivent prendre en compte ce bouleversement démographique pour favoriser le maintien en activité des aînés et encourager les échanges intergénérationnels pour renforcer la cohésion sociale. Aussi, il est temps de questionner le tabou de l'héritage, sachant que l'on hérite en moyenne à soixante-trois ans, si on veut corriger les inégalités de patrimoines et financer des réponses innovantes aux besoins émergents que nous avons décrits.

Ce vieillissement démographique va de pair avec une baisse significative de la natalité depuis vingt ans qui s'accélère ces dernières années. L'impact est d'autant plus important en France que notre protection sociale est essentiellement financée par un modèle par répartition. Nous devons étudier et anticiper les conséquences polymorphes de la démographie, sauf à devoir renoncer à notre modèle social et fiscal par ailleurs très redistributif et facteur de cohésion sociale.

Pour finir, la dernière grande transformation est celle du numérique. Celle-ci peut être un risque, mais porte aussi un formidable potentiel. Soit on laisse le numérique, l'utilisation de nos données, des datas comme l'on dit, miner la solidarité, individualiser les risques, segmenter les populations, c'est-à-dire un modèle où chacun payera en fonction de son comportement, de son capital génétique, de son état de santé, et dans ce cas c'est l'assurabilité qui sera remise en cause, notre modèle de protection sociale qui explosera. Soit, au contraire, on utilise les données pour personnaliser les accompagnements et la prévention, comme un levier de réduction des inégalités, pour orienter vers le bon soin au bon moment et gagner en efficience. Le numérique, l'intelligence artificielle et les datas sont des outils ; tout dépendra donc de l'objectif que l'on se donnera, de la manière dont on souhaitera les utiliser collectivement pour renforcer les solidarités, conforter l'efficience et réduire les inégalités, ou – au contraire – renvoyer chacun à son destin individuel.

Ce sont là des questions clés qu'il faut éclairer et inscrire dans le débat public pour que chacun, chacune, puisse prendre des décisions en toute connaissance de cause sans subir, en aiguisant son esprit critique, en s'élevant vers sa pleine citoyenneté, en retrouvant du pouvoir d'agir, du pouvoir de vivre-ensemble !

2
Comment en est-on arrivé là ?

Je vais ici répondre à vos questions, plus que légitimes, puisqu'en tant qu'assurés sociaux et contribuables, vous financez le système de santé et que les décisions prises le sont en votre nom. Il est donc normal de rendre ces enjeux accessibles et compréhensibles, d'éclairer les choix et les alternatives qui vous concernent.

Les questions que j'ai sélectionnées sont celles que j'entends poser le plus régulièrement et qui, par la diversité des perspectives, permettent d'appréhender les principaux enjeux du système de santé et du modèle de protection sociale.

Question 1 : Pourquoi l'État n'est-il pas directement responsable de la protection sociale ?

Deux grands types de protection sociale préexistent à notre sécurité sociale : le système dit « beveridgien », venu du Royaume-Uni, géré par l'État, l'autre dit « bismarckien », venu d'Allemagne, d'obédience assurancielle. Notre sécu est une synthèse des deux systèmes : l'État, rendant la couverture obligatoire, et l'étendant progressivement à des catégories non couvertes (les fonctionnaires en 1947, les étudiants en 1948) en assurant le contrôle et garantissant l'universalité, l'unité, l'uniformité et l'autonomie de sa gestion et de son organisation. Le système est néanmoins assuranciel à l'origine, puisque le financement était assuré par des cotisations sociales et patronales et que certaines prestations dépendaient de celles-ci, par exemple : les indemnités journalières, pour compenser les arrêts de travail.

Des réformes du financement et de la gouvernance ont renforcé la place de l'État, sans que cela ait été suffisamment expliqué, et donc compris.

Question 2 : Pourquoi nous parle-t-on du « trou de la sécu » depuis des décennies, alors que, malgré ce déficit, celle-ci est toujours là ? Joue-t-on à nous faire peur ?

Le budget de la sécu, 640 milliards d'euros, est plus important que celui de l'État, 492 milliards.

Répartition du financement de la Sécurité sociale par branche en 2023

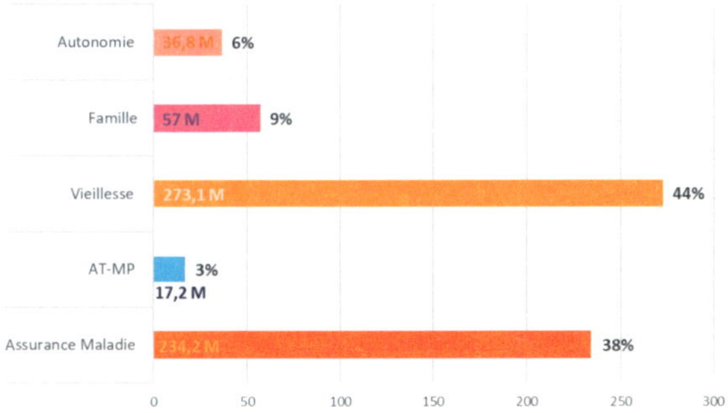

Source : CCSS, 2023

Évolution des dépenses de Sécurité sociale et du PIB (base 100 en 1960)

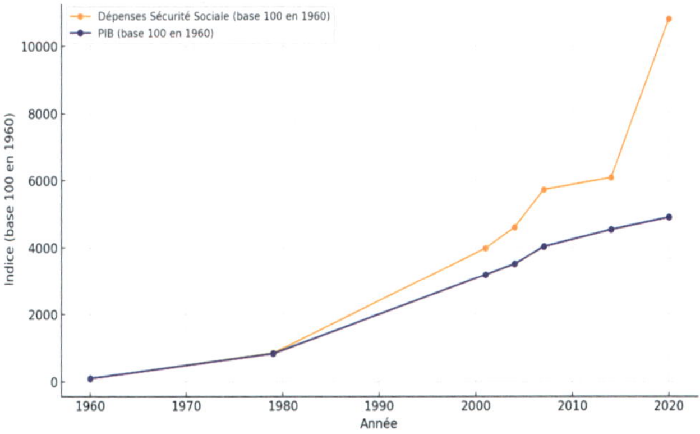

Source : Rapports de la Cour des comptes, INSEE

Nous consacrons davantage de ressources pour nous soigner, pour nous protéger les uns les autres, ce qui a permis un progrès d'espérance de vie de 40 % depuis les années 1950.

Les besoins en santé du fait du vieillissement augmentent plus vite que la richesse nationale, aussi, pour pouvoir garantir les innovations à tous, notre effort individuel et collectif pour financer la santé a crû. Les déficits s'expliquent pour l'essentiel par un décalage entre les dépenses en augmentation et les recettes qu'il faut perpétuellement ajuster pour pallier. Mais le déficit abyssal actuel est inédit, car il n'est pas lié, comme dans les années 1990, à un chômage de masse, une crise économique (2008-2010) ou à la crise sanitaire. Il s'explique par un « définancement » assumé. En effet, l'assurance maladie a dû payer les revalorisations des métiers à l'hôpital, « mesures Ségur », soit 11 milliards. Sans recettes en face. Elle a même été privée de 3 milliards de cotisations au nom de la compétitivité, soit un delta de 14 milliards par an, peu ou prou le déficit structurel créé par l'inconséquence de ces décisions.

Mesurons également que les intérêts de la dette depuis la mise en œuvre de la CADES (Caisse d'amortissement de la dette sociale) nous ont coûté 63 milliards ; d'où l'intérêt de gérer à l'équilibre.

Question 3 : Notre système de protection sociale n'est-il pas devenu trop coûteux ?

Avant tout, rappelons que notre protection sociale repose sur la répartition : ce que nous cotisons aujourd'hui ne vient pas financer nos besoins futurs, mais solvabilise les besoins actuels de celles et ceux malades, empêchés de travailler ou en retraite. Sa soutenabilité dépend donc aussi de notre production de richesse et de notre démographie. En 1950, il y avait 5 actifs pour un retraité, aujourd'hui moins de 2 pour 1 et en 2050, ce devrait être 1,2 actif pour un retraité. Pas besoin d'être un grand mathématicien pour comprendre où est et sera le problème si on ne réinterroge pas structurellement les recettes pour assurer durablement le financement du système de santé et de la protection sociale.

Michel Rocard fut un des seuls jusqu'ici à poser un diagnostic lucide et y apporter une réponse. Estimant que la trajectoire démographique ne permettrait plus de garantir les ressources nécessaires à la sécu, il y a donc adjoint un nouvel impôt assis sur tous les revenus, du travail comme du patrimoine : la CSG en 1991 (contribution sociale généralisée). Trente ans après, est-ce suffisant ? Assurément non. L'instauration de la CRDS (contribution au remboursement de la dette sociale en 1996) atteste de l'inadéquation entre recettes et dépenses. Petit tour de passe-passe, la CRDS transfère aux ménages le remboursement de la dette, qui provient essentiellement des exonérations consenties aux entreprises.

Lionel Jospin, pour les retraites, a procédé comme Rocard, en mettant en place un fonds de réserve, mais n'a malheureusement pas été imité par ses successeurs quant à une gestion prospective prudente pour absorber la bosse démographique des « boomers » (génération d'après-guerre). Notre système de santé coûte 11 euros par jour et par assuré social ; en Allemagne, on est à 12 euros par jour, aux États-Unis on est à l'équivalent de 22 euros. On ne peut donc pas dire que notre système coûte trop cher, même s'il faut veiller à son efficience.

Question 4 : Pourquoi ne fusionne-t-on pas le budget de l'État et celui de la sécu ?

C'est un fantasme technocratique périodiquement soulevé à Bercy. À part réduire artificiellement le déficit de l'État, l'assiette étant élargie, en quoi cette fusion apporterait-elle des solutions ? L'État n'a pas démontré sa capacité à associer les parties prenantes à l'élaboration des politiques publiques à travers un diagnostic partagé, au questionnement des orientations à prendre ou à l'évaluation de l'action publique.

Même s'il faut agir pour endiguer les déficits sociaux, ceux-ci sont inférieurs à 3 %, (18 milliards sur un budget de 640 milliards), n'oublions pas qu'un euro public dépensé sur trois l'est à crédit ; la comparaison du déficit, 166 milliards, au PIB, masque cette réalité : comparé au budget, le déficit représente plus de 30 %. Aussi, on ne peut pas dire que l'État ait démontré sa capacité à mieux gérer ou à anticiper.

Je partage avec vous une conviction : je ne crois pas que laisser le citoyen seul face à l'État et l'État décider seul de notre protection sociale soit gage de meilleures orientations, ni n'améliore notre quotidien. Seul un rôle accru des partenaires sociaux (syndicats et organisations employeurs), des acteurs de l'économie sociale et solidaire (associations, coopératives, fonds et fondations, mutuelles), par leur gouvernance démocratique, permettra de nourrir des espaces de concertation, de négociation, irriguant la démocratie sociale, la démocratie en santé, confortant ainsi la capacité de la démocratie représentative à faire émerger un indispensable consensus dans un cadre apaisé.

Déterminer l'intérêt général ne revient pas à additionner des intérêts particuliers, saupoudrer les moyens publics pour satisfaire les uns et les autres, c'est au contraire faire des choix pour garantir la cohésion sociale, arbitrer dans l'intérêt du plus grand nombre, investir dans l'innovation et la prévention, et préparer chacun à faire face aux besoins futurs. De ce point de vue, l'impéritie de l'État ne plaide pas pour sa capacité à prendre seul les commandes budgétaires de la sécu, au contraire.

Question 5 : La gouvernance actuelle de la sécu est-elle efficace ou contribue-t-elle à l'immobilisme ?

Avant de répondre à cette question essentielle, il convient de faire un rappel historique. La sécu est fondée sur une ambition émancipatrice et un engagement solidariste : chacun cotise selon ses moyens et reçoit selon ses besoins. Pour parvenir à concilier des injonctions paradoxales, les fondateurs de la sécurité sociale, dans leur grande sagesse, ont estimé qu'une gouvernance démocratique permettrait de trouver les ajustements nécessaires. Ainsi, bien que proportionnelles à la rémunération, les cotisations sont plafonnées pour assurer une bonne acceptabilité de la contribution.

La démocratie sociale initiale, où 75 % des sièges étaient acquis aux représentants salariés, a évolué vers une parité 50/50 entre syndicats et employeurs, et les élections ont été abandonnées, altérant le sentiment des assurés sociaux qu'ils avaient des représentants pour porter leur voix.

Le parachèvement de cette déconstruction démocratique a été accentué par le transfert au Parlement de l'adoption de la loi de financement de la sécurité sociale, par les ordonnances dites Juppé. S'il est légitime que les parlementaires aient leur mot à dire, la protection sociale, la santé publique relèvent d'arbitrage de moyen et de long termes nécessitant la recherche de compromis ; ces questions ne devraient pas relever de choix partisans, adoptés à 51 %, et encore moins ratifiés en utilisant l'article 49.3 de la Constitution.

On ne peut que regretter cette dévitalisation de la démocratie sociale quand on voit la capacité des partenaires sociaux à s'accorder dans les entreprises, dans les branches ou dans le cadre des accords nationaux interprofessionnels. On peut légitimement estimer que cette involution démocratique imposée par un mouvement croissant d'étatisation de la protection sociale est néfaste et qu'il serait temps d'y remédier.

Question 6 : La solidarité peut-elle fonctionner sans responsabilisation des acteurs ?

Sans réels débats avec la population, des décisions sont prises à l'aune d'arbitrages comptables court-termistes et technocratiques, au regard d'enjeux partisans, trop rarement pour arbitrer ce qui est utile, anticiper les besoins et adapter les financements.

Quasiment personne n'explique que les dépenses de santé évoluent deux à trois fois plus vite que la richesse nationale, que l'effort des actifs pour financer les retraites va s'accroître compte tenu de la démographie (plus de retraités, moins d'actifs)… Par ailleurs, il n'y a plus de lien perceptible entre les cotisations acquittées par les assurés sociaux et leur niveau de couverture, ce qui met à mal toute expression de citoyenneté sociale.

Répartition du financement de la Sécurité sociale (1981 à 2023)

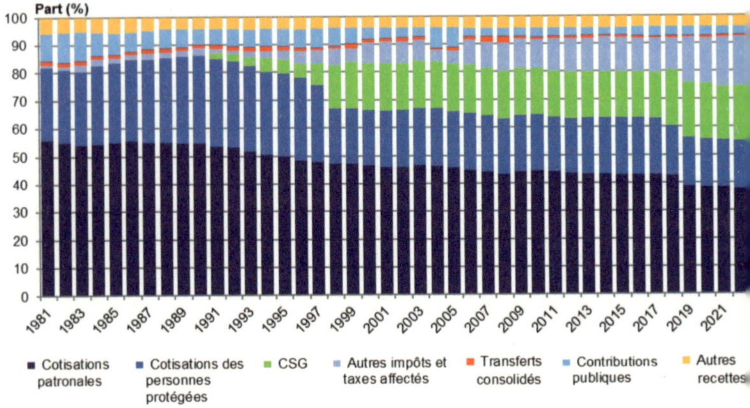

Source : INSEE, DREES, Comptes de la protection sociale

Le sens de la protection sociale s'altère faute d'évaluation partagée politiquement quant à son efficacité et à cause de la méconnaissance du coût des soins. Qui sait encore combien coûte une boîte de médicaments, un acte d'imagerie ou un séjour hospitalier ? Or la responsabilité est le pendant de la solidarité. Des dérives consuméristes se développent, encouragées par un marketing aussi agressif qu'efficace : on nous fait croire que pour une paire de lunettes achetée la deuxième est à un euro, c'est franchement nous prendre pour des « idiots », à croire que les opticiens sont philanthropes ! Si la seconde paire est à un euro, c'est que l'on ne paye pas la première au bon tarif. Tout cela est financé par vos cotisations. Pourquoi le législateur a-t-il empêché les mutuelles de structurer des réseaux conventionnés, pourtant seuls en capacité d'éviter l'inflation des biens médicaux, comme l'optique, préférant sursolvabiliser ceux-ci pour réduire le reste à charge ? Avoir autant d'opticiens installés en France que sur l'ensemble des États-Unis, plutôt que d'accentuer la concurrence, aboutit à un coût moyen des équipements optiques 15 à 20 % supérieurs à l'Allemagne.

Question 7 : Toutes les dépenses effectuées sont-elles utiles ?

Cette question se pose effectivement, la DREES (Direction de la Recherche, des Études, de l'Évaluation et des Statistiques du ministère de la Santé) estime que le coût de l'inefficience de notre système de santé est de l'ordre de 50 milliards d'euros chaque année, du fait de la redondance et de l'inadaptation de certains soins. À l'heure où les connaissances médicales et scientifiques doublent tous les deux ans, où 93 % des dépenses de santé sont socialisées et mutualisées, peut-on encore vivre dans le mythe de la « charte de la médecine libérale », chaque médecin s'installant là où il le souhaite, prescrivant ce qu'il estime pertinent, quelquefois en dépit des préconisations des experts ?

Comment expliquer que, pour une même pathologie, la prise en charge dépende du suivi de la formation continue ou de la persuasion d'un visiteur médical ? Par souci d'égalité et de qualité, l'harmonisation des prescriptions à partir de référentiels établis selon les connaissances médicales et scientifiques du moment serait donc préférable.

Question 8 : En matière de lutte contre la fraude, en fait-on assez ?

Malgré des efforts significatifs, des marges existent en matière de lutte contre la fraude ; dans un système socialisé et mutualisé comme le nôtre, aucune fraude n'est acceptable si l'on veut garantir l'indispensable confiance dans la juste répartition des efforts. Il faut lutter contre toutes les formes de fraudes. Or 80 % de la fraude sociale provient du non-paiement des cotisations sociales – ce que l'on appelle le travail au noir –, 15 % d'actes fictifs pris par quelques professionnels de santé et 5 % qui relèvent de patients. Nous distinguons bien entendu la fraude, prédation volontaire, de la récupération des indus suite à des erreurs liées à la complexité des nomenclatures des actes.

Tout système de protection sociale induit des fraudes, estimées à 3 % des dépenses effectuées ; actuellement l'assurance maladie, sur 250 milliards de prestations versées, récupère 670 millions d'euros, soit moins de 0,3 % de la dépense engagée ; je veux bien croire que nos concitoyens soient plus honnêtes que la moyenne européenne, mais il me semble plus réaliste de se dire qu'il faudrait récupérer dix fois plus. Pour y parvenir, la législation devra être revue afin de faire primer l'intérêt général sur la protection des tricheurs : est-il normal qu'un professionnel de santé ayant enfreint les règles de facturation puisse ne plus être « blacklisté » au bout de six mois ? Pourquoi ne simplifie-t-on pas le partage de données entre assurance maladie et complémentaires santé ?

Question 9 : Après le scandale sur les EHPAD et les crèches, de telles dérives sont-elles possibles dans notre système de soins ?

Effectivement le sujet est d'actualité, car des pans entiers de notre système de santé ont été financiarisés. Il y a de longue date des cliniques privées dans notre pays ; des chirurgiens, des anesthésistes souhaitant innover ont décidé d'investir. Ces médecins gagnaient de l'argent en soignant. Une émulation, où l'excellence des secteurs public et privé solidaire ou lucratif coexistait en bonne intelligence. Jusqu'au jour où ces cliniques furent rachetées par des groupes privés, puis par des fonds de pension étrangers. Dès lors, l'enjeu ne fut plus de gagner de l'argent en soignant, mais de soigner pour gagner de l'argent, soit un changement profond dans l'éthique des acteurs et dans leurs arbitrages, qui pose des questions au plan déontologique.

Les rendements attendus par ces financiers ont conduit à optimiser les coûts par les organigrammes et « le tri » des patients pour prioriser les activités les plus rémunératrices, au seul bénéfice de fonds de pension américains ou australiens. À quel moment y a-t-il eu un débat pour dire que l'on acceptait que nos cotisations sociales aillent financer les retraités de Floride ?

Éclairé par une mission sénatoriale, j'espère que ce débat va enfin avoir lieu et qu'à l'aune des futures échéances politiques ces questions trouveront un arbitrage démocratique allant dans le sens de l'intérêt général et la bonne affectation de nos cotisations sociales et fiscales. Les deux livres de Victor Castanet[1] ont démontré les dévoiements des stratégies prédatrices de groupes financiers en matière de grand âge et de petite enfance, ouvrant légitimement la nécessité d'un débat : quelle place pour le lucratif dans le champ de la cohésion sociale ou dans le secteur de la santé ? *A minima* ne faut-il pas plafonner les excédents quand le financement est pour l'essentiel socialisé et mutualisé, et imposer qu'ils soient réinvestis sur le territoire national ?

N'oublions pas que, même aux États-Unis, économie libérale s'il en est, le standard des hôpitaux américains est celui des fondations, structures à but non lucratif. Aussi, pourquoi laissons-nous nos cotisations renflouer leurs fonds de pension ?

---

1. Victor Castanet, *Les Fossoyeurs*, Paris, Fayard, 2022 ; *Les Ogres*, Paris, Flammarion, 2024.

D'autres secteurs sont également impactés par cette financiarisation, ce qui préoccupe légitimement l'assurance maladie, comme on le voit dans son rapport « charges et produits » qui pointe les risques d'emballement des dépenses actuelles ou à venir, en imagerie, en biologie ou en offre de soins de premiers recours. Des financiers ont feint de répondre à un besoin, palliant le déficit d'aménagement du territoire en santé, ou d'investissements publics, sans prise de risque réelle, vu la solvabilisation par la protection sociale, désorganisant des secteurs entiers par le débauchage à grands frais de soignants, au détriment de l'intérêt général.

Question 10 : Pourquoi notre hôpital va-t-il si mal ?

Notre hôpital va mal, car nos soins de ville dysfonctionnent et n'assument plus la plénitude de leurs missions, notamment la permanence des soins. Travailler prioritairement sur les soins de ville est donc un impératif pour améliorer l'accès aux soins, partout et pour tous, tout en amenant chaque assuré social à être responsable, à recourir aux soins par nécessité, non à les consommer au prétexte d'une illusion de gratuité. On est passé en vingt ans de 8 à 23 millions de passages par an aux urgences, quand en Allemagne ils sont à moins de la moitié. Les SAS (Services d'Accès aux Soins) sont une première étape pour orienter vers la bonne prise en charge, qu'il faut poursuivre.

En parallèle, la permanence des soins ne peut reposer uniquement sur du volontariat. Une obligation collective de résultat est indispensable pour que l'accès aux soins puisse être garanti en semaine, le soir et le week-end, les médecins et les paramédicaux devant s'organiser à l'échelle territoriale.

Question 11 : Dans l'évolution du système hospitalier, a-t-on tout raté ?

Loin de là, notre pays a plutôt très bien pris le virage ambulatoire, permettant aux hôpitaux de s'adapter, malheureusement sans suffisamment valoriser l'intérêt sanitaire pour les patients : moindre exposition aux risques nosocomiaux (maladies contractées à l'hôpital : bactéries multirésistantes, staphylocoques dorés…). Pour des patients revenant chez eux plus rapidement, voire le jour même, il manque quelquefois des solutions d'accompagnement en proximité ; peut-être a-t-on là un axe pour reconvertir certains hôpitaux, qu'il serait préférable de fermer.

Question 12 : Peut-on se permettre de fermer des hôpitaux de proximité ou des petites petites maternités ?

Oui, résolument oui. Il y a 3 100 établissements sanitaires dans notre pays ; selon des standards internationaux il en faudrait un tiers de moins. De ce fait, on saupoudre les moyens, plutôt que de concentrer les ressources, professionnels de santé comme plateaux techniques, sur des hôpitaux experts, où le nombre d'interventions, de prises en charge est suffisant pour garantir la qualité des pratiques et donc assurer de meilleures chances pour les patients. Certaines chirurgies deviennent dangereuses si celles et ceux qui les pratiquent n'en font pas suffisamment. C'est connu et reconnu.

Si je comprends qu'on ne peut pas attendre d'un élu local qu'il demande la fermeture de son hôpital, il est insupportable d'entendre certaines personnes militer pour le maintien d'une maternité ou de tout autre espace de soins et d'ajouter dans la phrase suivante : surtout n'y allez pas, car la réputation est mauvaise. Comment accepter dans un pays comme le nôtre, au regard des moyens que nous allouons au système de santé, de ne pas pouvoir aller dans un établissement hospitalier en toute confiance ?

La carte hospitalière doit être redéfinie à l'aune des enjeux démographiques, avec pour seule boussole la qualité des prises en charge et les modalités d'accès pour les populations du territoire (accès économique, géographique ou en matière d'information). Par ailleurs tout ne relève pas de l'hôpital ni du médical.

Question 13 : Peut-on se passer des médecins ?

Doit-on faire sans eux, vu que, dans de nombreux territoires, il n'y en a plus assez ou ceux qui sont en place ne parviennent plus à prendre de nouveaux patients ? Les médecins généralistes ou spécialistes restent centraux dans la prise en charge, mais le temps médical manque et il est aujourd'hui trop précieux pour ne pas le concentrer là où l'expertise du médecin est la plus pertinente, amenant d'autres professionnels de santé à intervenir dans le cadre de compétences partagées pour fluidifier l'accès aux soins.

Le temps médical disponible se réduira jusqu'au début de la prochaine décennie, il faudra attendre 2040 au mieux pour retrouver le temps médical de 2020 ; mais entretemps la population aura vieilli, le besoin de soins aura augmenté.

Passer du *numerus clausus* à *apertus*, témoigne plus d'une bonne maîtrise du latin que de la volonté de solutionner le manque de temps médical à court et moyen termes ; on forme désormais 11 000 médecins par an, à peine plus que dans les années 1970, alors que la population a nettement augmenté et vieilli. La démographie médicale, pas plus que celle de la population, n'a été anticipée. Les médecins n'entendent plus travailler 60 heures par semaine, qui pourrait les blâmer ? ; ce faisant, l'académie de médecine estime que pour un médecin partant en retraite, il en faut 2,1 pour maintenir un même temps médical disponible.

D'une médecine soignant des pathologies aiguës, désormais les médecins accompagnent des patients porteurs de pathologies chroniques, ce qui suppose de revoir les prises en charge. Ainsi, les programmes « Asalée » ont démontré pour des diabétiques que la prise en charge infirmière permettait une meilleure observance des traitements, car ces professionnels pouvaient consacrer davantage de temps aux patients, les voir plus régulièrement – les patients étant réorientés vers le médecin toutes les fois où cela était utile et nécessaire. Chaque professionnel apporte le bon niveau de prise en charge dans l'intérêt du patient.

Seules des prises en charge fondées sur des parcours coordonnés permettront de répondre, en ville comme à l'hôpital, aux besoins en santé qui vont croître exponentiellement.

Question 14 : Jusqu'à quand notre modèle de protection sociale sera-t-il capable de financer l'innovation en santé et de couvrir des dépenses nouvelles ?

Je ne saurais dire où sera le point de rupture, mais tendanciellement les dépenses de santé croissant deux fois plus vite que la richesse nationale, avec une accélération depuis la crise sanitaire, cet enjeu relève d'une équation à multiples inconnues. Des innovations majeures en matière d'immunothérapie, de nouvelles stratégies en oncologie vont permettre de soigner des gens, mais vont coûter très cher, plusieurs centaines de milliers d'euros par an. Certains laboratoires promettent de soigner des pathologies graves, aiguës ou chroniques, évitant des dépenses récurrentes pour la protection sociale.

S'il est compréhensible de financer le coût de l'innovation, s'il est acceptable de prendre en compte la prise de risque, de lancer une recherche pouvant ne pas aboutir, il est en revanche éthiquement contestable de facturer le prix de la vie humaine, ou de se rémunérer à l'aune des dépenses évitées pour la collectivité, pouvant aller au-delà du million d'euros par patient. Ces questions éminemment politiques doivent être appréhendées par tous les gouvernements, en Europe et dans le monde, pour garantir l'accessibilité et la soutenabilité des innovations de rupture à venir, sauf à devoir assumer un tri des patients.

Question 15 : Comment garantir, face à l'industrie pharmaceutique, que tous les médicaments prescrits sont utiles pour les patients ?

Grâce à l'action de la Direction de la Sécurité Sociale, la part du médicament a baissé, passant en 2012 de 18 % à 13 % de la consommation de soins et biens médicaux, soit 32 milliards d'euros.

Les pouvoirs publics ont engagé un rapport de force réel ; d'ailleurs, certains industriels du médicament estimant les marges trop faibles dans notre pays renoncent ou retardent les mises sur le marché en France.

Questions 16 : Le médicament n'est-il pas devenu une solution de facilité pour tous les acteurs ?

Poser la question, c'est y répondre ; nous sommes encore trop dopés à la molécule. 90 % de passages chez un médecin se soldent par une ordonnance avec des médicaments, c'est 72 % en Allemagne, les pays d'Europe du Nord privilégiant les thérapeutiques non médicamenteuses, accompagnement comportemental, adaptation de l'alimentation, promotion de l'activité physique adaptée… Toutes les fois où c'est possible et souhaitable, privilégions du « jogging plutôt que des statines ». Mais les habitudes sont tenaces : passer commande en fin de consultation pour remplir l'armoire à pharmacie ou la trousse de secours des vacances reste trop fréquent.

Par ailleurs, la sur-prescription induit un risque d'interaction médicamenteuse : la iatrogénie. Au-delà de quatre molécules, le risque est accru, pouvant entraîner des chutes, des hospitalisations, des décès, notamment chez les personnes âgées. Plutôt que doubler les restes à charge sur les boîtes de médicaments, mobiliser les professionnels de santé et sensibiliser les personnes à ce danger serait plus pertinent.

Question 17 : Sur certains territoires, comment éviter des mois d'attente pour certaines prises en charge ?

Ne faudrait-il pas imposer aux médecins de s'installer là où on a besoin d'eux ? 87 % de la France est devenu un désert médical ; aussi, la coercition à l'installation ne pourra rien y changer. Sans une modification en profondeur de l'allocation du temps médical dans les prises en charge, on ne fera que gérer la pénurie pour les vingt à trente ans qui viennent ; ce qui est démobilisateur pour les soignants, frustrant pour les assurés sociaux et les patients, et délétère pour la confiance dans notre système de santé.

Imposer uniquement aux médecins sortant de formation une obligation d'installation, pour corriger les dysfonctionnements actuels, semble injuste et exonérerait celles et ceux installés de coconstruire les solutions. Tous les médecins, salariés, fonctionnaires ou libéraux, doivent participer à l'effort d'adaptation du système de santé pour en garantir l'accessibilité.

Question 18 : Prévenir vaut mieux que guérir, pourquoi ne pas rendre notre système plus préventif ?

La prévention est-elle susceptible d'engendrer des économies ? Oui, il vaut mieux prévenir que guérir. Nous gagnerions individuellement et collectivement à ce que chacun reste en pleine santé, c'est-à-dire en complet bien-être physique, psychique, social et environnemental. Deux tiers des déterminants de santé dépendent des politiques publiques, hors système de santé. Sans cohérence entre les objectifs en prévention, les outils fiscaux et l'allocation de ressources au regard des besoins populationnels, on perdra en efficacité, notamment pour réduire les inégalités.

L'enjeu est plus humain qu'économique : par la prévention, on permet à un maximum de personnes de vivre en meilleure santé plus longtemps ; cela suppose d'articuler les politiques de l'État, des collectivités territoriales, de la sécu, des mutuelles, à l'école, au travail pour amplifier l'effet levier et faire progresser l'espérance de vie en bonne santé, pour les femmes et pour les hommes, enjeu crucial pour prévenir la perte d'autonomie.

Question 19 : Est-il normal de payer les dépenses de santé de personnes négligentes ?

Conditionner certaines prises en charge au comportement vertueux pour sa santé séduit de plus en plus de gens. Pour autant, souhaite-t-on une telle intrusion dans le suivi de nos comportements ? Ne créerions-nous pas de nouvelles inéquités, tout le monde n'étant pas capable de s'approprier les recommandations ? Éthiquement peut-on conditionner la prise en charge d'un cancer du poumon au fait que le patient ait été ou non fumeur ? L'opérationnalité d'une telle orientation est donc complexe et impacterait la cohésion sociale. Comment sanctionner des gens frappés par la maladie du fait d'addictions si tout n'a pas été mis en œuvre pour les en protéger ?

Renvoyer chacun à sa seule responsabilité individuelle semble donc difficile, sauf à rompre avec le principe fondateur de notre modèle : chacun reçoit en fonction de ses besoins et contribue selon ses moyens… Néanmoins, la responsabilité de chacun devra être questionnée à l'aune des ressources allouées à la prévention, au travers du dépistage ou de la vaccination. À partir du moment où l'on propose à chaque personne à risque d'être vaccinée contre la grippe, est-ce à la collectivité d'assumer intégralement le coût d'une hospitalisation pour une personne de plus de soixante-cinq ans qui a délibérément fait le choix de ne pas se vacciner ?

Question 20 : Face au problème des déserts médicaux, sommes-nous condamnés à téléconsulter ou à nous adresser à des robots ?

L'appui apporté par la technologie est d'autant plus crucial que le temps médical et soignant est rare. Toutes les fois où l'apport d'un algorithme en traitement de données facilitera le travail du médecin, par un gain de temps dans le diagnostic, évitant des errances thérapeutiques, ce sera utile. Il n'est ni souhaitable de priver un patient de cet apport, ni acceptable de lui imposer d'être seul face à un *chatbot*. Le soin, c'est aussi un temps de médiation humaine. Une fois le diagnostic posé, le professionnel, en fonction du patient, de sa capacité à entendre, à comprendre, doit l'informer, lui permettre d'anticiper et de suivre le traitement.

En matière de téléconsultation je préfère les dispositifs où un infirmier formé, aux côtés du patient, prend les constantes et interagit avec le médecin à distance, évitant une fracture numérique, garantissant l'humanité des soins et une meilleure acceptabilité de ces évolutions.

Question 21 : L'usage de « Mon espace santé » comporte-il un risque pour notre vie privée ?

Interrogation légitime et malheureusement souvent partagée. Actuellement seuls 14 millions d'assurés sociaux utilisent « Mon espace santé » et plus d'un tiers des médecins versent des informations dans le dossier de leur patient. Pourtant, c'est notre intérêt à tous et à chacun que cela devienne un réflexe, pour une meilleure prise en charge intégrant toutes les informations nous concernant, qui évitera des soins redondants.

Les risques d'atteinte à la vie privée semblent théoriques, vu les règles et conditions éthiques qui ont été mises en œuvre à la conception de « Mon espace santé », solution souveraine, où chacun peut gérer avec qui il partage ses données. Les investissements en cybersécurité sont cruciaux pour éviter le *hacking*, l'intrusion malveillante. Chacun doit apprendre à adopter les bons gestes pour soi-même et utiliser le numérique au maximum de son potentiel.

3
Comment reprendre la main ?

Pour apporter des réponses concrètes, permettant de redonner du sens aux métiers des soignants, garantir un accès effectif aux soins utiles, dans une trajectoire budgétaire soutenable, il est fondamental de s'interroger sur le rôle, les missions du système de santé, la manière de le financer et d'en garantir un égal accès pour tous sur l'ensemble du territoire.

Parvenir à ce nécessaire compromis imposera des choix, pour concentrer les moyens sur l'essentiel, en requestionnant l'existant à l'aune des innovations qui nous permettront d'éviter le piège du « toujours plus ».

Refonder la protection sociale grâce à la citoyenneté sociale

Avant tout, partons de nous – bénéficiaires finaux : assurés sociaux, patients, personnes malades – de nos besoins plutôt que de nos attentes qui, elles, pourraient être sans limites.

Depuis l'école jusqu'à la retraite, en passant par le monde du travail, il convient d'expliquer comment la protection sociale fonctionne, quelles sont ses missions, comment elle est financée, ce que sont les devoirs et les droits de chaque personne. Une solidarité soutenable et assumable suppose de la responsabilité individuelle et collective.

Un bilan annuel devrait être partagé avec la population quant à l'utilisation faite des cotisations, retraçant les dépenses en soins de ville, à l'hôpital, pour les médicaments. Un débat éclairé pourrait s'engager pour déterminer sur quoi agir en dépistage, en prévention à l'aune des moyens et des enjeux de santé publique.

En complément, un récapitulatif annuel personnalisé des dépenses de chaque assuré social lui serait adressé, en veillant à ne pas culpabiliser les personnes malades, et à ne pas encourager les contributeurs nets à militer pour une alternative immédiatement moins coûteuse pour eux-mêmes.

Retrouver des marges de manœuvre par la recherche d'efficience

La dépense de santé va encore progresser du fait du vieillissement et du coût très élevé des innovations thérapeutiques, notamment en oncologie. La recherche de l'efficience est donc un impératif pour garantir la soutenabilité du financement des soins.

Comment mieux orienter vers le bon soin au bon moment sans redondance ? Avant tout par un recours aux datas et à l'intelligence artificielle, un numérique au service de l'humain, dans une approche personnalisée pour éviter le non-recours : en allant vers les personnes ne donnant pas suite aux propositions de dépistage, ne revoyant pas le médecin après des résultats alarmants de biologie ou d'imagerie, ne poursuivant pas leur protocole de soins… Ces pertes de chance se traduiront par des sur-dépenses à terme ; dans l'intérêt des personnes et du système, une prise en charge personnalisée préventive, si possible participative, voire prédictive, est donc préférable.

Pour gagner en efficience, développons des accords confraternels de bonne prescription à partir des préconisations de la Haute Autorité de Santé. Depuis 2004, cette autorité indépendante composée d'experts médicaux, scientifiques publie régulièrement l'état des connaissances pour bien prendre en charge une pathologie (exemple : un diabète de type 2). Pourquoi ne pas embarquer ces préconisations dans les logiciels médicaux pour faciliter leur diffusion auprès des médecins, voire peut-être un jour d'imaginer les rendre opposables, *a minima* pour les affections de longue durée, les médecins conservant la capacité de déroger en le justifiant ?

Cette harmonisation des prescriptions permettrait de réaliser des milliards d'économie sans déprécier le niveau de prise en charge. Elle permettrait aussi de réduire les pertes de chance et certains risques, notamment iatrogènes. En outre, ce serait un levier pour garantir une égalité de prise en charge partout et pour tous les patients. Cette mesure permettrait enfin aux professionnels de santé d'exercer sereinement, sans craindre les poursuites juridiques.

Tout solvabiliser devient une impasse, obligeant à augmenter les financements alloués aux remboursements notamment de biens médicaux, qui alimentent certaines rentes de situation. L'essentiel pour les patients est d'avoir accès aux biens ou services nécessaires, à leur traitement ou suivi. Aussi pourquoi ne pas privilégier l'achat groupé ? Pour illustrer cette situation, une personne âgée ayant besoin de protection urinaire serait gagnante si elle pouvait avoir accès à ces produits à tarif réduit. Ce serait pour elle plus avantageux que de voir ses cotisations augmenter pour solvabiliser ce besoin devenu certain.

Les dépenses de santé augmentant deux à trois fois plus vite que la richesse nationale, l'efficience est la seule alternative pour éviter des arbitrages purement comptables. De ce fait, des revues régulières des médicaments, des dispositifs médicaux ou des stratégies thérapeutiques devront être effectuées pour déterminer ce qui doit être substitué ou conservé à l'aune des connaissances tirées des conférences de consensus interdisciplinaires, les conclusions étant partagées en toute transparence. Il est aberrant de moduler le remboursement d'un médicament en fonction de son intérêt. Soit ce médicament est utile et peut être prescrit et remboursé, soit il n'est pas utile et doit sortir du remboursement au bénéfice d'une alternative thérapeutique, médicamenteuse ou non médicamenteuse.

Déterminer une ambition pluriannuelle pour le système de santé

Comment parvenir à prioriser, répondre aux besoins, sans mécontenter tout le monde ? De manière rationnelle, en repartant des besoins populationnels, pour aboutir à une grande loi d'aménagement du territoire. Ainsi, éclairé, chacun saura comment chaque bassin de population de 500 000 habitants sera doté en établissements ou services de santé.

Chaque grande transformation du système de santé s'est faite par voie d'ordonnance ; mais la quête d'efficacité n'exonère pas le gouvernement de discuter en amont avec les parties prenantes, représentants des patients, professionnels de santé, élus locaux, sous l'égide de l'État, en précisant ce qui relève de la concertation, de la négociation et qui prendra la décision *in fine*, notamment pour déterminer comment et en combien de temps on atteindra l'organisation cible, ainsi que les mesures d'accompagnement pour pallier les distances ; et associer ces deux éléments pour évaluer *a posteriori* les impacts en toute transparence, permettant d'éventuels correctifs.

Pour accompagner le vieillissement de la population au regard de cette nouvelle carte hospitalière, un maillage territorial de maisons de garde et des centres de longs séjours garantira des soins aigus et programmés. Pour assurer l'accessibilité économique, territoriale et sociale du service public de santé, cette évolution devra s'accompagner de structures d'hébergement et de solutions de transport adaptées.

Cette réallocation de moyens devra répondre aux besoins, en médecine, chirurgie, obstétrique, soins de suite et réadaptation, en santé mentale, en hospitalisation, en ambulatoire ou à domicile, en fonction des autorisations des établissements et selon des indicateurs d'activités et de qualité. Il est en effet légitime, sans tomber dans la carricature des classements, de vouloir savoir comment se situe un établissement ou un service avant de se faire opérer.

Assurer une nécessaire éducation des patients quant aux bonnes modalités de prise en soins

Le temps médical étant devenu trop précieux, l'éducation des assurés sociaux, des patients est devenue indispensable pour que le recours aux soins soit effectué avec tact et mesure. Consulter un médecin en toutes circonstances et sans modération prive d'autres d'un accès aux soins, de qualité et au bon moment. L'hôpital est utile si l'état de santé l'exige, le recours au médecin se justifie au regard de son expertise. D'autres professionnels de santé, ayant toutes les compétences, peuvent intervenir également.

Essaimer les équipes de soins traitants sur l'ensemble du territoire

L'accès aux soins primaires devra être redéfini au travers des équipes de soins traitants associant médecins, généralistes ou de spécialités, pharmaciens, infirmiers, sage-femmes, psychologues, kinésithérapeutes… permettant la prise en soins et le suivi des assurés sociaux et des patients porteurs de pathologies chroniques à l'échelle d'un territoire. Chaque professionnel interviendra selon un principe de subsidiarité permettant d'optimiser le temps médical et soignant; chaque professionnel, choisi par le patient. Cela suppose de revoir le calcul des rémunérations de chaque profession à l'aune des compétences partagées et des responsabilités confiées. Ce pourrait être l'occasion de réinterroger les dépassements d'honoraires à l'occasion de cette révision tarifaire des consultations et des actes, qui sont un frein à un égal accès aux soins.

Nous devrons en tant qu'assurés sociaux apprendre qui aller voir et être orientés par des gestionnaires de cas, ces coordonnateurs de parcours de santé, dont le nombre doit être augmenté. Ils ont pour mission d'aider le patient à se repérer et à effectuer les bonnes démarches, pour bénéficier du bon soin au bon moment. Par un partage de données et des algorithmes, il est possible de réduire les pertes de chance, les soins redondants ou inadéquats, soit un numérique au service de l'humain.

Instaurer une obligation collective de résultats en matière de permanence de soins

Les personnes vont aux urgences faute d'alternative connue pour accéder aux soins, le soir ou le week-end. Chaque professionnel de santé, rattaché à un territoire de santé, devrait contribuer à une obligation collective de garde, afin de garantir à la population les prises en soins adaptées aux besoins. Les gens sauraient ainsi auprès de qui aller, simplifiant le travail des SAS (Services d'Accès aux Soins) ; cela soulagerait significativement les urgences.

Une fois ces solutions opérantes et connues, la facturation des passages inconsidérés aux urgences sera alors envisageable pour éviter que des comportements déraisonnables ne pèsent sur la collectivité.

Mettre la santé au cœur de toutes nos politiques publiques

La prévention, qu'elle soit dans l'intitulé du ministère de la Santé ou pas, doit devenir une priorité des gouvernements, des pouvoirs publics nationaux comme locaux, de l'ensemble des acteurs économiques et sociaux. N'oublions pas que le système de santé ne pèse que pour 22 % des déterminants de santé ; 66 % dépendent des autres politiques publiques : l'éducation, les conditions de travail, les capacités économiques et sociales, la culture, les infrastructures en matière de transport, de logements, d'aménagement urbain, c'est-à-dire des conditions de vie impactant son comportement ; et 11 % relèvent du capital génétique.

Pour être efficace, il est indispensable de coordonner les différentes politiques publiques avec une même ambition : créer les conditions pour que chacun reste en bonne santé le plus longtemps possible. Ainsi, l'agriculture, le traitement des eaux, les modes de transport seront déterminants. Chacun devra être informé pour adopter les bons gestes pour sa santé à travers sa consommation, possiblement facilitée par une fiscalité orientant vers des produits utiles pour la pleine santé, au-delà d'un « nutriscore » qui reste à renforcer dans son exigence sanitaire. Le produit de cette fiscalité incitative devra être affecté au financement des fonds d'aides individuelles pour accompagner les personnes n'ayant pas les capacités d'effectuer ces arbitrages bénéfiques pour leur santé.

La prévention doit avoir pour ambition de réduire les inégalités. Aussi, renforçons nos moyens pour des dépistages plus précoces. En situation de précarité les personnes ne prennent pas le temps de se préoccuper de leur santé, concentrées sur l'immédiateté du quotidien, aller vers elles en les invitant à un rendez-vous permet de les rapprocher du soin.

Encourager la recherche

Pour engager un big-bang de la prévention, il faut rendre accessible aux chercheurs, mais aussi aux industriels, les données populationnelles afin d'encourager les actions de prévention, de recherche interventionnelle en promotion de la santé. Seules les applications validées devront être inscrites dans le *store* de « Mon espace santé ».

Il est temps d'inverser la charge de la preuve. L'intérêt général est de favoriser la prévention personnalisée, de faciliter des parcours prédictifs pour orienter vers le bon dépistage, le bon soin au bon moment. Le numérique peut être un formidable levier de réduction des inégalités : nous ne pouvons, nous ne devons, nous ne voulons pas nous en passer.

La CNIL, Commission Nationale Informatique et Libertés, doit voir sa mission évoluer dans l'intérêt de tous et de chacun, pour favoriser la personnalisation des prises en charge, des prises en soins. Pour prévenir toute segmentation ou tout risque d'individualisation des risques, la loi doit imposer un cadre solidaire, pour que l'on s'inscrive en confiance dans l'ère du numérique en santé.

Tout acteur agissant à l'encontre de cet enjeu commun devra être lourdement sanctionné. Les données de l'assurance maladie et de l'hospitalisation, anonymisées, pourront alors être ouvertes pour encourager la recherche, la production de parcours, de solutions et de services, et l'élaboration des politiques publiques. Pour une meilleure efficacité de l'action sur les déterminants de santé, il est nécessaire de renforcer cette ouverture des datas, ce qui suppose transparence et *feedback* pour établir dans la durée l'indispensable confiance des assurés sociaux que nous sommes. Un contrôle citoyen pourrait utilement être envisagé pour suivre le bon usage et valider, si besoin, des cas d'usage questionnant l'éthique.

Lutter contre toutes les fraudes et renforcer la récupération des indus

Dans un système solidaire, fondé sur la répartition, c'est-à-dire où à l'instant t tout le monde protège tout le monde, aucune fraude n'est acceptable. Pour conforter l'indispensable confiance dans la robustesse du modèle, tant dans son équilibre budgétaire à terme que dans le fait que chacun respecte ses obligations, la lutte contre les fraudes doit être rendue plus efficace.

En matière de fraude aux cotisations patronales, la première mesure est un contrôle renforcé par les URSSAF, notamment avec l'appui de l'intelligence artificielle, en croisant les bons de commande, le niveau de facturation et la masse salariale pour repérer les écarts suggérant de l'emploi au noir. Ce sera aussi par une meilleure information de l'ensemble de la population de l'importance d'être protégé par le modèle social, en santé comme en prévoyance, que l'on parviendra à sensibiliser tout le monde sur le fait que cet enjeu nous concerne tous, pour soi et pour les autres; ainsi il sera plus facile de faire remonter des informations pour concentrer utilement les contrôles.

Pour les fraudes commises par une petite minorité de professionnels de santé « indélicats », au travers de surcotations d'actes ou de stratégies de prédation organisées en facturant des actes ou consultations non effectués, la mobilisation de tous les moyens numériques peut et doit être utilisée: horodatages des actes, croisement de fichiers pour repérer au mieux les irrégularités, en distinguant erreurs de facturation, récupération des indus, des fraudes, volonté prédatrice. Désormais des réseaux mafieux, opérant souvent de l'étranger, profitent de notre procrastination à agir puissamment ; il est impératif de les stopper.

Les fraudes des assurés, bien qu'en volume représentant des sommes moindres, sont tout autant condamnables. La généralisation des cartes Vitale sur smartphone actuellement expérimentée permettra de sécuriser celles-ci, de sortir des fantasmes des cartes Vitale en surnuméraire, relevant souvent davantage de cartes perdues non désactivées, et de fiabiliser la carte et de rassurer son porteur.

Comme pour la totalité des dépenses de santé, nous gagnerions à ce que la lutte contre la fraude soit partagée avec la population et que les résultats obtenus soient valorisés, les coopérations encouragées, en ce qu'elles répondent à l'intérêt général. Les sanctions contre les fraudeurs doivent être renforcées, avec le remboursement des sommes détournées, majorées, outre les sanctions pénales, des contrôles réguliers des contrevenants doivent être rendus possibles à titre préventif pour éviter toute récidive sur plusieurs années, afin que le dispositif soit réellement dissuasif. Cela suppose bien sûr de renforcer les moyens de contrôle et le croisement d'informations entre la puissance publique, les sphères sociale, fiscale et entre l'assurance maladie et les complémentaires.

Étendre les protections et les couvertures sociales

Cela peut paraître surprenant que je parle d'étendre les protections sociales, alors même que je n'ai cessé, dans les pages précédentes, de plaider pour de l'efficience, de la sobriété, de la modération ; c'est pourtant, au contraire, très cohérent. Aujourd'hui, le niveau de protection des assurés sociaux est très inégal en matière de prévoyance en fonction du champ professionnel dont dépend chaque personne. À peine 7 millions de personnes sont couvertes par un contrat dépendance dans notre pays, alors que la transition démographique est d'ores et déjà très engagée. Plus ces risques seront bien couverts de manière mutualisée, plus on évitera le phénomène d'antisélection, c'est-à-dire où seuls les gens se pensant porteurs de risque se couvriront, ce qui empêche toute assurabilité à terme. L'individualisation est contraire au principe même d'assurance. Plus on généralise ces couvertures, plus on les rend accessibles, car en mutualisant les risques on en baisse le coût pour chacun.

En matière de prévoyance, incapacité, invalidité et décès, un travailleur sur trois n'est pas du tout protégé. Dans certaines branches professionnelles, seuls les cadres sont couverts, pour les agriculteurs, les travailleurs non salariés ou les fonctionnaires, cela dépend des choix individuels et donc du niveau d'information. Le risque prévoyance, paraissant plus lointain que la santé, est souvent minimisé quant à ses conséquences, alors même qu'une incapacité, une invalidité ou un décès peut conduire, du fait de la perte de revenus, à des conséquences très lourdes pour la famille.

La généralisation de la prévoyance à bon niveau à tous les actifs, quel que soit leur statut, quel que soit leur champ professionnel, est donc un enjeu clé pour réduire le coût du risque de cette protection et mieux protéger tout le monde. En matière de dépendance, c'est un peu la même logique. Pour aider les personnes les plus lourdement dépendantes (dites en GIR 1 et 2) et verser une rente de

500 euros par mois, soit le niveau de reste à charge moyen si on compare le coût de la dépendance avec les retraites et pensions, le CCSF (Comité Consultatif des Services Financiers de Bercy) a pris une recommandation soutenant une proposition de la Mutualité Française et de France Assureurs. Cette solution de mutualisation par répartition solidaire a un double mérite : elle est immédiatement applicable et effective dans le soutien à des personnes dépendantes et elle ne pèse pas sur les finances publiques, ce qui semble crucial pour sa mise en œuvre en cette période d'attrition budgétaire.

4
Comment concrétiser notre ambition de refonder une protection sociale durable, soutenable et solidaire ?

Le coût de notre protection sociale, santé, prévoyance, dépendance, retraite, famille représente près du tiers du PIB. Veut-on, peut-on aller au-delà ? Les dépenses de santé ont plus que doublé en vingt ans, passant de 9 à 12 % du PIB ; aussi, seule l'efficience permettra d'assumer les coûts à venir du vieillissement et des innovations. Se prémunir contre la financiarisation du système de santé doit aussi être une priorité, pour en garantir l'accessibilité à tous. Avec plus d'inégalités, une espérance de vie moindre, les États-Unis consacrent le double de la France pour se soigner, soit 22 euros par personne par jour contre 11 euros par personne par jour en France.

Aussi, quelle part de richesse allouer au système de santé d'ici 2040 ? 2050 ? 2070 ? Est-on capable de produire plus pour financer durablement les dépenses à venir, qui représenteront 400 milliards et même 500 milliards avant 2050 ? Comment répartir cet investissement collectif de manière soutenable et juste ? Quelle part affecter à l'économie compte tenu des concurrences internationales ? Quelle gouvernance pour piloter la protection sociale de demain, en associant davantage les citoyens ? Nous devons nous accorder pour adapter notre système de santé aux besoins et assurer durablement son financement.

Planifier pour retrouver la maîtrise de notre modèle social

Proposition 1. Planifier la réponse aux besoins en partant de données objectivées, par territoire, dans une approche populationnelle des enjeux de santé publique, pour déterminer ce qui doit être solvabilisé, à travers un contrat social redéfini, pour éviter le « toujours plus ».

Cette régulation transparente évitera la stratification des dépenses que l'on constate et permettra de contrer les stratégies mercantiles et marketées de certains lobbyistes, sans rapport avec le coût bénéfice/risque. Si la santé n'a pas de prix, elle a un coût : chaque euro investi doit l'être à bon escient, pour qu'un coût exponentiel inassumable ne génère pas une santé à plusieurs vitesses.

Proposition 2. Planifier pour reprendre le contrôle des comptes sociaux.

Cela suppose de sortir des logiques purement comptables de rabot, de déremboursement ou de taxes, pour réinterroger la soutenabilité de la dépense globale de santé ou sa pertinence à l'aune d'alternatives et/ou d'innovations. Il s'agit également de savoir investir pour éviter des coûts *a posteriori*: en prévention, l'investissement coûte d'abord; à terme, des pathologies évitées, une espérance de vie en pleine santé préservée engendreront de moindres dépenses, *a minima* nous aurons amélioré l'espérance de vie sans incapacité de la population.

Proposition 3. Planifier pour redessiner la carte hospitalière, la carte médico-sociale, l'aménagement du territoire en santé, pour concentrer les ressources en fonction des besoins populationnels.

Proposition 4. Planifier pour coordonner l'action des acteurs publics, privés solidaires (à but non lucratif) et les opérateurs lucratifs, les établissements de santé comme les libéraux, dans l'atteinte d'objectifs de santé publique prioritaires, territoire par territoire, en cohérence avec les politiques publiques, pour un effet levier amplifié.

Par exemple, si la priorité est la prévention des cancers et des maladies cardio-vasculaires, les politiques publiques (de l'école au travail, à l'aménagement urbain, aux transports, en passant par le logement) favoriseront les mobilités douces afin de lutter contre la sédentarité de toutes les classes d'âges, tout en agissant sur l'alimentation et contre les polluants, pour éviter les effets cumulatifs délétères pour la santé.

Les professionnels de santé pourraient être mobilisés pour faire du dépistage précoce, notamment au sein des populations les plus éloignées des campagnes de prévention, afin de réduire les inégalités. Prioriser en toute transparence est indispensable pour être efficace et amener les personnes à agir par elles-mêmes et leur assurer une espérance de vie en bonne santé la plus longue possible.

Proposition 5. Planifier pour pouvoir anticiper la formation des professionnels de santé.

Une approche purement comptable a conduit à l'impéritie par manque d'anticipation de la démographie médicale, dentaire, pharmaceutique ou paramédicale, renforçant la pénurie que nous connaissons. Cette planification permettra un meilleur accompagnement des carrières et une optimisation des formations engagées. Actuellement, un personnel infirmier exerce en moyenne dix ans, après trente-huit mois de formation. Pourquoi ce gâchis ? Les conditions de travail, de rémunération jouent, mais aussi les modalités de sélection. « Parcoursup » privilégie la scolarité à la motivation, or ce sont des métiers de vocation. Aussi les abandons en cours de formation ou des premières années d'exercice se multiplient-ils. Il est donc urgent de changer de méthode.

Par la construction de parcours professionnels, de passerelles pour accompagner les évolutions, peut-être parviendrons-nous à faire rester dans le soin plus de monde. Ce d'autant plus que l'on aura besoin demain de nouvelles professions.

Des gestionnaires de cas : ces professionnels de santé et/ou sociaux qui pourront coordonner des parcours, pour orienter vers le bon soin au bon moment, ou pour impulser une prévention proactive territorialisée. Ce pourrait être de nouveaux débouchés pour des professions de santé en quête de sens.

S'accorder sur les recettes à affecter

Proposition 6. Déterminer la part de richesse pour se soigner et se protéger mutuellement.

Cette question éminemment politique, sans vérité absolue, suppose un débat éclairé pour choisir la manière de faire société, de vivre les uns avec les autres, les uns pour les autres, de répartir l'effort de financement pour le soin entre les ménages et les acteurs économiques, entre les cotisations sociales, fiscales ou mutualistes et le reste à charge des familles. Outre cette question de répartition éminemment sensible, l'enjeu central sera d'assurer suffisamment de création de richesse pour pouvoir la répartir, pour le dire autrement : sommes-nous capables d'augmenter la part de PIB par habitant ? L'Allemagne dépense ainsi 10 % de plus que nous pour son système de santé, 11 euros par jour par personne en France contre 12 euros par jour par personne outre-Rhin, parce qu'elle produit davantage de richesse, du coup l'effort est plus facilement soutenable et assumable.

Proposition 7. Réinterroger l'efficience des politiques économiques et sociales.

Le coût pour les finances publiques des stratégies économiques par les différents gouvernements de soutien à l'emploi par des baisses générales de cotisations patronales est très élevé, l'État compensant plus de 80 milliards des exonérations consenties, avec un impact plus ou moins visible sur l'emploi.

Aussi, réinterroger à chaque ouverture de législature, à l'aune des concurrences internationales, la pertinence de ces politiques permettrait d'arbitrer quant à la bonne utilisation des finances publiques. Si l'on comprend le soutien à l'industrie, à l'agriculture ou à des secteurs soumis au dumping social, est-il utile de baisser le coût du travail sur des activités non délocalisables ?

Proposition 8. Réinterroger le partage de la valeur.

Un débat utile a lieu pour remettre en cause la concentration des exonérations au niveau des bas salaires, qui accentue la smicardisation du salariat plutôt qu'encourage l'attractivité et la qualification des ouvriers, des employés, des techniciens ou des premiers échelons de cadres.

Par ailleurs, il serait plus utile de questionner le partage de valeurs entre capital et travail plutôt que de compenser les pertes de pouvoir d'achat par des filets sociaux ou fiscaux, ou pire, en faisant croire que rapprocher le salaire net du salaire brut rendrait du pouvoir d'achat, alors que cela priverait chacun des protections en santé, prévoyance ou retraite… de la sécu. Rééquilibrer ce partage au bénéfice du « travail », via du salaire et/ou de la participation, permettrait que chacun vive mieux de son travail, engendrant plus de recettes fiscales et sociales.

Proposition 9. Réinterroger les leviers fiscaux pour financer la santé.

Si la CSG ou la CRDS ont le mérite d'avoir une assiette large, englobant tous les revenus, il convient de questionner la différence de taux, notamment entre actifs et retraités, pour une juste répartition des efforts. Si l'on veut accentuer la dimension redistributive de la CSG, il faudra s'interroger sur la pertinence d'une progressivité des taux pour les revenus dépassant un certain seuil.

En taxant chaque couverture santé à 14,08 %, avec la TSA (taxe additionnelle sur l'assurance), vous commencez à payer la mutuelle en mars, les mois de janvier et février ayant servi à acquitter les taxes correspondantes. Par ailleurs, les retraités, sans participation employeur, ni transferts de solidarités, acquittent plus de taxes en euros qu'un actif, ce qui est profondément injuste. Une alternative serait de transformer ces 14,08 % de TSA en 0,37 % de CSG.

De la même manière, il convient de se prémunir contre une TVA sociale, profondément injuste car inversement redistributive, les plus modestes étant plus taxés proportionnellement que ceux en capacité d'épargner.

Pour autant, comment protéger notre modèle de protection sociale contre certaines formes de dumping ? Une forme de protectionnisme serait-elle envisageable, affectant une partie des droits de douane au financement de notre protection sociale ? On atténuerait le risque démocratique en opposant ainsi des alternatives pragmatiques et réalistes aux populistes.

Proposition 10. Remettre en cause la privatisation des gains et la mutualisation des réparations.

Est-il éthiquement moral que la protection sociale assume seule le surcoût induit par certaines activités notoirement néfastes pour la santé ? Est-il acceptable d'engranger des bénéfices sans assumer les conséquences des externalités négatives de ces activités ?

Pour induire des comportements plus vertueux et prévenir la survenance de pathologies chroniques, une fiscalité comportementale pourrait être utile. Son produit pouvant financer un fonds d'accompagnement social et humain afin d'éviter de pénaliser ceux ayant moins de capacités économiques pour arbitrer leur consommation.

Proposition 11. Appeler de nouvelles contributions visant à étendre les couvertures prévoyance ou dépendance pour généraliser la prévoyance à tous les actifs, quels que soient leur statut, leur champ professionnel.

Le vieillissement de la population imposera de mobiliser 12 milliards par an supplémentaires pour structurer une filière grand âge, attractive, permettant de prévenir et accompagner la perte d'autonomie de 2,5 millions de personnes en 2040. De nouveaux financements publics sont donc nécessaires. Parce que l'on hérite à soixante-trois ans en moyenne, soit un âge où l'intérêt économique ou familial est moindre, nos règles successorales aboutissent à accentuer la concentration du patrimoine au bénéfice des plus riches. Aussi mobiliser une quote-part des successions de plus d'un million d'euros pourrait avoir un effet redistributif puissant, sans peser sur les successions moyennes.

Proposition 12. Débattre des choix à opérer pour garantir un équilibre durable et soutenable de la protection sociale.

Il y a trente ans, une règle d'or a été édictée : toute exonération de cotisations décidées par l'État doit être compensée, pour ne pas grever les comptes sociaux. Un second principe pourrait édicter que, hors crise économique, sociale ou sanitaire, les comptes sociaux ont l'obligation d'être votés à l'équilibre. Si une crise survenait, un délai raisonnable de retour à l'équilibre pourrait être décidé sur quelques années. Cela aurait le mérite d'imposer un débat de fond sur les recettes et les dépenses, et permettrait de réinterroger régulièrement la pertinence du périmètre des soins essentiels, ce qui doit être socialisé, le champ d'intervention de l'assurance maladie et celui des complémentaires santé.

Les parties prenantes devraient arbitrer sur la pertinence sanitaire, sur l'efficience de l'euro investi au bénéfice du plus grand nombre et ne pourraient plus renvoyer aux générations futures la résolution de nos déséquilibres budgétaires actuels, le fait de pallier notre indécision coupable. Cette double exigence gestionnaire n'a donc pas seulement une vertu budgétaire, mais implique aussi de créer les conditions du débat démocratique et citoyen, pour décider dans l'intérêt de tous et de chacun.

Dans un modèle ainsi refondé, chacun, professionnel de santé, opérateur délivrant des biens médicaux, assuré social, serait appelé à la modération. Questionner le périmètre du remboursement ne disqualifie ou n'interdit pas les pratiques qui ne seraient plus solvabilisées, cela signifie simplement que leur prise en charge n'est pas essentielle pour maintenir la population en pleine santé. En revanche, certaines pratiques, non reconnues, doivent pouvoir être interdites parce que nocives ou pouvant faciliter l'emprise sectaire.

Proposition 13. Redéfinir la répartition du financement et le pilotage des risques en santé.

À travers une nouvelle opposabilité assurance maladie-complémentaires santé, le contrat responsable et solidaire, dont le contenu défini par les pouvoirs publics assure la couverture des soins essentiels, devra être remis à plat car, au fil du temps, des prestations y ont été ajoutées qui en augmentent le coût. Chaque organisme s'engageant à proposer ce contrat socle à travers ses couvertures individuelles, les pouvoirs publics devront réduire la fiscalité qui s'y applique comme pour tous biens essentiels, à 5,5 % au lieu des 14,08 % actuels.

Pour permettre de manager les risques et d'éviter un consumérisme inflationniste, certaines dépenses de santé devraient être confiées intégralement à l'assurance maladie ou aux mutuelles, évitant ainsi un double paiement sur tous les postes ; les organismes vertueux sur la gestion du risque et la prévention pourraient ainsi être valorisés. Si une telle voie est retenue, il faudra rendre la couverture santé obligatoire, comme c'est le cas pour la multirisque habitation, afin d'éviter les phénomènes d'antisélection et garantir l'assurabilité solidaire des aléas. Au-delà de ce contrat socle, chaque organisme pourra proposer des couvertures santé avec des gammes ou des options permettant une modularité des protections, conformément aux choix de chacun.

Proposition 14. Refonder une gouvernance démocratique.

Pour être acteur, arbitrer quant au sens, à l'essence, au périmètre de la protection sociale, revivifier la gouvernance démocratique est un impératif, pour que rien qui nous concerne ne soit décidé sans nous. Ainsi, chaque branche de la sécu, au travers de vrais conseils d'administration, aurait à identifier les stratégies de court, moyen et long termes pour répondre aux besoins, au vu des recettes projetées, et identifier les orientations à prioriser pour être utile au plus grand nombre et améliorer l'état de santé général de la population. Cette expression de besoins devra s'effectuer à travers une réelle gouvernance tripartite, entre l'union des caisses d'assurance maladie, l'union des organismes proposant des couvertures santé et l'union des professionnels de santé. Ce trilogue aura pour missions de planifier la mise en œuvre des objectifs de santé publique déterminés par l'État, d'informer la décision publique quant aux moyens nécessaires pour les atteindre et de proposer les outils pour en assurer une gestion efficiente.

La démocratie en santé et la démocratie sociale pourront ainsi éclairer la décision publique, dans une interlocution exigeante dans l'intérêt de tous et de chacun. Par ce diagnostic partagé, les besoins identifiés, le Parlement pourrait rechercher les nécessaires compromis entre le souhaité, le souhaitable et ce qui sera réellement possible, et expliquer ses décisions au-delà des jeux de posture, notamment dans la programmation pluriannuelle adoptée en début de législature et ajustée chaque année par les lois budgétaires à l'aune des résultats constatés et des nécessités.

Le recensement de l'état des besoins à partir d'une analyse populationnelle par territoire devra remonter chaque année au premier trimestre. L'efficacité des politiques publiques impactant la santé pourra être alors évaluée, dans une émulation féconde, afin d'essaimer ce qui a le plus de portée. Ces remontées challengées par les directions de l'État devront nourrir les travaux des conseils de branche de la sécu en vue d'établir la feuille de route qui soutiendra les projets de loi budgétaire de l'État et de la Sécurité sociale. Le gouvernement devra motiver les modifications afin d'éclairer le Parlement, qui disposera des projets bâtis par les représentants des territoires et des assurés sociaux.

Un *feedback* quant à l'utilisation des cotisations sociales ou fiscales devra être effectué annuellement pour rendre compte des politiques menées, de leur efficacité, des ajustements nécessaires, et amener chacun à adapter son comportement pour plus d'efficacité, nourrissant des échanges au plan national comme local, dans les organisations siégeant aux conseils de sécu, pour associer et informer un maximum de personnes. Ainsi la protection sociale sera appréhendée quant à son essence et son sens : protéger solidairement la population, afin que chaque personne puisse mener librement sa vie.

Conclusion
Prendre nos responsabilités en citoyens

Nous sommes à la croisée des chemins, la procrastination n'est donc pas une option.

Nous ne sommes pas en crise, comme on peut l'entendre parfois, peut-être pour que nous attendions tranquillement que cela redevienne comme avant – vaine illusion. Notre société est soumise à une lame de fond, du fait des tensions géopolitiques et des transformations écologiques, démographiques, numériques qui nous impactent, bouleversant notre quotidien à tous – et certains le subissent plus que les autres.

Prendre notre part en tant que citoyens concernés pour exiger la redéfinition du contrat social est un impératif démocratique. En effet, ce contrat ne répond plus à la promesse républicaine : liberté-égalité-fraternité. L'absence de récit porteur d'espoir engendre colère et ressentiment, le mouvement des « gilets jaunes », la mobilisation contre la réforme des retraites ou les émeutes urbaines de juin 2023 l'ont montré. Le consumérisme est une impasse politique dont la boussole devient le « pouvoir d'achat ». Or notre bonheur ne s'apprécie pas par l'accumulation de biens, mais par la qualité de nos liens ; « avoir » ne rend pas heureux, l'essentiel est d'« être » bien ensemble.

La question est : comment faire société ? Quel horizon commun construire et partager ensemble ?

La protection sociale est une promesse d'émancipation individuelle et collective, pour que chacun puisse entreprendre pour lui et pour les autres, sans craindre un aléa, un accident de la vie ou un pépin de santé ; elle participe du pouvoir d'agir autant que de la qualité de vie.

C'est donc un bien commun infiniment précieux, que nous nous devons de préserver, dans son ambition, en l'adaptant aux enjeux, aux besoins et aux contraintes du temps.

À nous d'exiger que l'on nous rende compte de ce qui est fait en notre nom. La démocratie, ce n'est pas seulement voter une fois tous les cinq ans, c'est aussi réfléchir et agir en femmes et en hommes libres.

À nous d'aiguiser notre esprit critique, de nous déterminer en fonction de notre libre arbitre.

À nous de ne pas être des citoyens trop patients, dans tous les sens du terme, se contentant de déplorer l'existant.

À nous d'interpeler celles et ceux en responsabilité de rendre le système plus ou moins solidaire et souverain, en fonction de notre acceptation à contribuer davantage pour tous ou de notre choix de privilégier nos dépenses individuelles. Un droit de tirage universel solvabilisé est une illusion insoutenable, nous le savons et devons donc arbitrer pour préserver la solidarité pour les soins utiles et nécessaires.

Renvoyer chacun à sa seule capacité contributive serait mortifère pour notre vivre-ensemble et un très grand recul au regard de notre promesse républicaine sans être gage d'efficience.

Pour de nouveau croire aux « jours heureux », nous devons nous engager collectivement pour redéfinir le sens, l'essence et le périmètre de la protection sociale dans une gouvernance revivifiée, réaffirmée. Eh oui, vous l'aurez compris, c'est un effort d'être citoyen !

Alors, soyons solidaires et responsables, dans l'intérêt de tous et de chacun, soyons des assurés sociaux citoyens !

Remerciements

Je tiens à remercier celles et ceux qui ont participé à l'écriture de ce livre, fruit d'une longue réflexion et maturation, par leurs questions marquant l'envie de comprendre et de se réapproprier ces enjeux.

Celles et ceux qui m'ont aidé dans l'écriture de ce livre, la vérification des sources, les équipes de la Mutualité Française sous la direction de sa directrice générale, Séverine Salgado,

Mélodie Deneuve pour sa relecture attentive,

et celles et ceux qui me supportent au quotidien, dans tous les sens du terme :

Maria Kedra, pour sa fidélité et sa patience,

Anthony Aly, pour sa rigueur communicative, son engagement et ses conseils avisés,

Antonin Lefebvre pour son aide, sa curiosité et ses graphiques,

et tous ceux avec qui j'échange depuis vingt ans sur ces questions et qui ont nourri ces constats et propositions.

Et merci surtout à vous de me lire et, qui sait ? de prendre le relais pour, à votre tour, apporter votre pierre…

Table des matières

Retrouvez notre catalogue sur
www.editionsdelaube.com

Pour limiter l'empreinte environnementale
de leurs livres, les éditions de l'Aube
font le choix de papiers issus de forêts durablement
gérées et de sources contrôlées.

Achevé d'imprimer en juin 2025
sur les presses de l'imprimerie New Print
pour le compte des éditions de l'Aube
331, rue Amédée-Giniès, F-84240 La Tour-d'Aigues

Numéro d'édition : 6951
Dépôt légal : juin 2025
Numéro d'impression :

Imprimé dans l'Union européenne